Sofia C.A. ♡

BE BRAVE

Lucia Bellido

BE BRAVE

EL AÑO QUE CAMBIÓ MI VIDA

LIBROS CÚPULA

CON TODO
MI CARIÑO.
ESPERO QUE
OS GUSTE

Lucía Bellido

ÍNDICE

PRESENTACIÓN

Prólogo

Hola, cariñetes:

Soy Susana, creo que ya me conocéis como @susii_ratona73.

Después de todo este tiempo vengo a contaros de nuevo, y gracias a todos vosotros, un anticipo de este libro que se llama Sé valiente, «Be Brave».

Os puedo adelantar que descubriréis en cada mes a una Lucía muy sincera que os contará sus emociones vividas a lo largo de este año, desde que muchos de vosotros la descubristeis, hasta ahora que podéis y tenéis la oportunidad de conocerla mejor, mucho mejor.

Creo que os encantará ver cómo es ella en lo más íntimo. Sus fotos y experiencias vividas os reflejarán a una Lucía más cercana y transparente. Espero que disfrutéis de todas y cada una de sus páginas, y no olvidéis que si queréis algo en la vida nunca os rindáis y sed valientes.

Susana

OCTUBRE

Un mes marcado por la publicación de mi primer libro. Para mí fue muy sorprendente la reacción de todos mis fans, ¡me sentí tan llena!

Aquel día me ayudasteis a crecer un poco más como persona.

¡Qué locura! Mi primer libro sale a la venta. Never give up. Secretos de una muser *se puso a la venta el 4 de octubre en todas las librerías de España. Sinceramente, nunca imaginé que empezar a hacer vídeos en Tik Tok en mi habitación me llevara a algo así.*

Aunque lo que de verdad me impactó fueron las firmas, sobre todo la primera. El día 20 de octubre hice la primera presentación de mi libro en Barcelona, mi casa. Estaba un poco nerviosa; aluciné al ver toda la gente que había esperándome.

Casa
del
Llibre

Casa
del
Llibre

Nunca había estado delante de tanta gente... ¡en directo! La única cosa parecida que había hecho eran quedadas al aire libre, pero nunca había estado en un sitio cerrado con tanta gente que no conociera, y todos me conocían a mí.

Pensaba que vendría menos gente... y aluciné. Había incluso niñas que se quedaron fuera porque vinieron sin entrada. Ahora, con la distancia, creo que ese día no estaba realmente preparada. Todo el mundo quería abrazarme, besarme... Todo me vino muy de golpe, y me desbordó. ¡Fue una experiencia muy chocante, una auténtica locura!

Be Brave

Bueno, aquella fue mi firma en Barcelona el pasado 20 de octubre. ¡Fue una experiencia inolvidable, maravillosa y tengo muchas ganas de que se repita! Me encanta ver vuestras caritas de felicidad al mirarme a los ojos o al darme un simple abrazo. Agradezco muchísimo lo que hacéis día tras día por mí, ¡por eso espero que esto dure mucho tiempo y sigamos creciendo como familia y amigos!

Agenda
2019-2020

Al día siguiente fui a una Holi Party en Madrid y estaba tan muerta de cansancio con toda la emoción del día anterior que incluso me dio un bajón de azúcar. ¡Casi me desplomo en el Photocall! *El escenario donde bailábamos estaba a pleno sol y yo casi no había dormido. ¡Monté un* show*!*

Por cierto, antes de la firma en Barcelona, me fui con mi familia unos días a la Costa Brava; un poquito de relax antes de empezar con la gira y el ir y venir siempre van bien.

Durante esos días, mi madre me hizo unas fotos con la luz de otoño que quedaron preciosas. Una de ellas es la famosa foto que utilizamos luego como modelo para la ilustración de la portada de la agenda.

En aquel momento la hicimos sin pensar si serviría para algo más. Simplemente, me hizo la foto y me gustó tanto que la colgué en las redes. Nunca sabes lo que te va a deparar el futuro.

Llevo maquillándome desde pequeñita, siempre me ha gustado experimentar con diferentes maquillajes y probar cosas nuevas.

Cada dos por tres me estoy maquillando. Me gusta tanto que incluso mi madre me ha pillado a las cuatro y media o cinco de la mañana maquillándome en mi habitación.

De todos modos, no lo cuelgo todo en las redes, solo lo que me gusta más o lo que creo que me ha salido mejor.

Es muy divertido imitar y coger ideas de los demás. Puedes inspirarte en la ropa que llevan, el pelo o el maquillaje, pero sin perder de vista el hecho de ser uno mismo y no tratar de hablar, pensar o moverte como si fueras otra persona.

Mantener la esencia es lo más fundamental para ser original y aportar algo al mundo.

En Halloween me hice un supermaquillaje del que me siento especialmente orgullosa. No encontraba nada que me gustara en particular para ese día, así que cogí un maquillaje de Halloween bastante normalito que encontré por Internet y empecé a echarle imaginación.

Me encanta crear, así que no me supuso mucho problema. Acabé modificando por completo la idea inicial, y se convirtió en una creación 100% Lucía Bellido.

No quería dar miedo, sino estar guapa con un toque de Halloween y fantasía.

Y la verdad es que tuvo bastante éxito. Se lo hice a algunas amigas, y después empecé a ver gente que colgaba fotos en las redes con mi maquillaje. No me importa que me imiten, al contrario, me hace gracia ver que he servido de ejemplo o inspiración a alguien. Es como si te reconocieran que lo que has hecho ha gustado, es chulo.

NOVIEMBRE

Este es mi mes. El mes en que nací, y el momento del año en que cumplí 15 años. Un número supermágico que simboliza la juventud y se relaciona con el éxito.

Debo admitir que este mes de noviembre fue uno de los más alucinantes de mi vida.

Desde hacía tiempo quería que la celebración de mis 15 años fuera muy especial, había ido a la fiesta de quinceañera de mi mejor amiga y aluciné. ¡Yo quería algo así también! Siempre he hecho un montón de cosas con los amigos para mi cumpleaños, pero esta vez yo también quería hacer algo especial.

Cada año, mis padres se lo curran mucho y siempre han conseguido hacerme muy feliz en mi día, pero esta vez se superaron y lo mejor fue que, sin que yo les contara la idea que tenía de celebrar mis 15 años a lo grande, ellos me prepararon una superfiesta.

¡Me llevé una sorpresa enorme!

Ese día me puse un vestido rojo precioso porque ya tenía pensado salir. Estábamos en el sofá y ahí empezó todo. De repente, apareció Lola Lolita con un pastel y el libro que acababa de sacar; luego, me pusieron un vídeo donde salía mi familia y mis amigos felicitándome. Incluso aparecieron felicitaciones de personas que están lejos y de personas que son muy importantes para mí.

15

De pronto, me pusieron un antifaz y me dijeron: «Vamos a bajar». No me gustan nada las sorpresas; aunque siempre terminan siendo chulas, en un primer momento siempre me agobio un poquito. Pero no, aquel día no pude decir nada, lo tenían todo muy bien planeado y no tuve más remedio que dejarme llevar.

Bajamos a la calle, me quitaron el antifaz y delante de mí vi ¡una limusina espectacular! Pero lo mejor estaba dentro: abrí la puerta y me encontré con varios de mis amigos, ¡incluso uno de ellos, que estaba en Japón, estaba allí! Me quedé en shock*, no podía creer lo que veía.*

En la limusina teníamos música, luces..., todo muy lujoso. ¡Una pasada! El chófer nos llevó al Goiko, un local para cenar, donde había una mesa supergrande vacía. Me senté a la mesa y, de golpe, salieron por detrás de mí un montón de amigos gritando «¡Felicidades!». Lloré y los abracé a todos.

Después de cenar y del pastel, pensé que nos iríamos a casa. ¡Solo tengo 15 años! ¿Adónde iba a ir? Pues no. Al salir del restaurante había un Party Bus increíble esperándonos. Bailamos, reímos y nos dejó en una discoteca donde pasamos el resto de la noche. Me lo pasé superbién, lloré, reí, bailé y, sobre todo, estuve con los que más quería. Los 15 son mágicos y mi celebración también lo fue.

En noviembre también fui a firmar el libro a Sevilla. ¡Cuánta gente! Me acuerdo especialmente de un chico que se puso a cantar a grito pelado. En mis firmas siempre me gusta poner un altavoz con mi música. Eso me ayuda a concentrarme y a estar incluso más alegre. De rebote, además, veo a toda la gente bailando y cantando.

En Sevilla hice lo mismo, había una canción y, cuando terminó, apareció de repente un niño de unos 12 años cantándome flamenco. Me emocioné un montón. No era un fan, pero venía a acompañar a su hermana. Fue un momento muy bonito y divertido.

Para rematar el mes, crucé el charco por primera vez y me fui a Estados Unidos, a California, para una promoción. ¡Menudo viaje!

Todo fue mucho mejor de lo que me imaginé. Más bonito, más grande. Como en las películas, pero un millón de veces mejor.

El viaje en general fue genial, pero seguramente el mejor recuerdo que tengo es el de un atardecer en la playa de Santa Mónica. Nunca había visto un cielo así, con unos colores tan intensos. Fui con una amiga, nos acercamos a la orilla y estuvimos, sin exagerar, como media hora mirando las olas, superemocionadas, llorando y grabándolo todo, con un poco de jetlag *todavía. Necesitaba llorar de lo precioso que me parecía todo.*

También recuerdo que nuestra estancia allí coincidió con el día de Acción de Gracias, una fiesta muy importante para ellos y que, como su nombre indica, se celebra para dar las gracias de todo lo que hacemos y todo lo que tenemos. La gente se reúne con la familia, pero también con los amigos y todas las personas a las que quieren. Las encargadas de la casa donde estábamos alojados cocinaron para nosotros un pavo gigante, como es tradición. Estuvo muy bien y fue muy divertido ver a mi padre trinchando el pavo para todos.

Champion

Viajar es importante para mí. Me encanta, porque me hace crecer y probar cosas nuevas. Cuando sales, y más si estás lejos de casa, te tienes que espabilar: hablar otro idioma, ir con cuidado con el dinero, que no te timen... Tienes que moverte y no despistarte, pero sobre todo tienes que disfrutar cada experiencia al máximo.

destino

DICIEMBRE

Termina el 2018. Un año lleno de descubrimientos y que representa el inicio de algo que está creciendo y madurando conmigo. He aprendido mucho de todas las cosas que me han pasado.

En diciembre siguieron más firmas. El libro se estaba vendiendo muy bien por todas partes y eso significaba que se iban a programar más encuentros en diferentes ciudades de España.

Viajé hasta Valencia y después me fui a Logroño. Me lo pasé en grande porque esta vez estaba mucho más relajada. Los nervios de la primera vez desaparecieron y fui más capaz de disfrutar del momento.

Me hace muy feliz veros a todos con el libro en las manos a punto para ser firmado. No os podéis llegar a imaginar lo importante que son para mí estos momentos.

muy
mía

Ese mes quise hacer un cambio de look *radical: decidí ponerme unas africanas, esas trenzas que van por todo el pelo. ¿La razón? Ninguna. Soy así de imprevisible; simplemente, me apeteció y lo hice. Es un peinado que había visto en muchas niñas y me gustaba. Normalmente, la gente se lo hace en verano, pero no pude esperar y me lo hice en invierno. Da igual la época del año, ¿no?*

En total fueron siete horas, y encima con extensión, porque para aquel entonces llevaba la nuca rapada y tuvieron que ponerme extensiones para hacer el peinado completo. Las llevé casi todo el mes de diciembre, y podría haberlas llevado durante un poco más, pero al final me había crecido tanto el pelo que me tiraba mucho, porque pesaba un montón (tengo mucho cabello) y me dolía. Además, me estaba castigando el cuero cabelludo y empezó a salirme como una caspa fina de la irritación. Decidí quitármelas y tardé día y medio en hacerlo, porque tenía que ir cortando cada trenza una a una.

La consecuencia fue que se me debilitó mucho el pelo y se me cayeron mechas de pelo enteras... ¡Nunca más! Si algún día me apetece volver a hacerme unas africanas, lo haré en verano y luego iré a que me las saquen para que también me hagan un tratamiento específico.

Aparte de las trenzas, hubo otro asunto peludo en mi vida este mes: Byron.

Siempre quise tener un perro y durante varios meses estuve dándole la paliza a mi madre con que quería uno sí o sí. Finalmente lo conseguí.

Recuerdo que se me había metido entre ceja y ceja que quería un American Stanford Blue. Mi madre se negó, pues un perro así no podía estar en un piso y, además, se necesitaba una licencia especial para tener un pequeñín de esa raza. Estábamos en una sala con un montón de perritos, incluido un American Stanford Blue. ¡Me moría, qué ricura! Pero la verdad es que todos eran monísimos. Estuve mirándolos todos, pero yo estaba obsesionada con el American Stanford... Al final, como no me decidía ni cambiaba de opinión, mi madre me dijo que nos íbamos. Sin perro, claro. Entonces vi que había una pelusita blanca en la que no me había fijado y dije: «¡Ese!». Y cuando me lo dieron, tan chiquitín, parecía un peluchito, ¡me encantó! Me enamoré y me lo llevé. Muchos lo conocéis porque he colgado varios vídeos suyos en Instagram. Es un lobito precioso.

Que Byron haya entrado en mi vida ha sido un paso importante, porque tener un perro (o cualquier otro ser vivo) es una responsabilidad enorme que me ha hecho crecer muchísimo y en la que debes incluir a toda la familia. A mi hermano le encanta Byron y mi padre es quien más lo saca de paseo. Lo quiero un montón.

En este mes también me hice mi primer tatuaje. Una palabra, OHANA, que quiere decir «familia». Aparte de la palabra, hay dibujada una rosa con tres hojas que representan a mi hermano, a mi madre y a mi padre; el tallo de la rosa es el que mantiene a la familia unida y sólida, y creo que representa muy bien cómo somos y cómo nos apoyamos. Mi familia es, sin duda, una de las cosas más importantes para mí.

Reflexión de fin de año

2018, me has traído muy buenos y muy malos momentos; me has traído risas, enfados, gritos, llantos... Pero, sobre todo, he aprendido, he aprendido a separar lo bueno de lo malo, a quedarme con quien realmente vale la pena, me has hecho madurar, un poquiiiito, pero he madurado, me has hecho darme cuenta de muchísimas cosas, me has hecho experimentar, me has hecho quererme tal y como soy, me has dado la oportunidad de conocer a muchísimas personas y me he decepcionado también.

Gracias a este 2018 y gracias a vosotros, porque al fin y al cabo me habéis visto 365 días, habéis estado ahí.. Si estaba mal, lo habéis notado y me habéis escrito aunque sea un «sé fuerte, pequeña». Vosotros sois mi 2018 y espero que sigáis estando muchos años más. Yo para vosotros no soy una ídolo o una «famosilla»; yo soy vuestra amiga, como vuestra hermana, y quiero seguir siéndolo. ¡Por un 2019 increíble y por seguir junto a vosotros! ¡Os quiero y gracias!

ENERO

Con enero empezamos un nuevo año. Un mes muy frío en el que viví varios momentos de recogimiento y de reflexión.
El año comenzó con la ilusión de cumplir un montón de sueños.

Este año he empezado a utilizar un concepto que me encanta: RAMÉ. La palabra ramé *define algo que es caótico y hermoso al mismo tiempo. Es una palabra balinesa que me define a la perfección.*

Este es un concepto que descubrí a través de Pinterest. Vi varios paneles que recogían palabras muy cortas en distintos idiomas, pero que a su vez tienen un significado muy largo o bien tienen una traducción muy compleja. La palabra ramé *me llamó mucho la atención y empecé a investigar. Creo que liga mucho con mi manera de ser, porque soy muy princesita, pero a la vez soy un caos total.*

Lo mismo me pasó con otra palabra, un poco más larga: NANKURUNAISA. Desde el principio me encantó la sonoridad que tiene. Es una palabra japonesa que significa «con el tiempo todo se arregla».

Creo que las dos palabras, RAMÉ y NANKURUNAISA, se complementan muy bien, porque además de demostrar que la imperfección o el caos pueden ser igual de bonitos que aquello que consideramos perfecto, si algo no sale como esperamos, no pasa nada. Todo se puede solucionar de otra manera, y aprender de los errores.

En definitiva, no existe la perfección, así que no nos obsesionemos con ella porque las cosas acabarán saliendo, siempre que nos esforcemos y demos lo mejor de nosotros mismos.

Estas palabras las voy alternando en la cabecera de mi Instagram y quiero tatuármelas para que definan la manera que tengo yo de ser y de vivir.

Y los viajes de promo siguieron. Esta vez me fui a Ámsterdam y Bruselas. Fuimos varios influencers. *Nos lo pasamos genial y nos divertimos tanto que hasta nos olvidamos del frío que hacía. Recuerdo que la ciudad de Ámsterdam estaba toda nevada.*

Fue la primera vez que viajaba sin mis padres y fue un no parar. Salimos mucho y casi no dormíamos —dos horas al día más o menos—, pero cuando sonaba la alarma a primera hora para empezar con la sesión de fotos nos teníamos que levantar (¡qué frío, madre mía!) y ponernos a trabajar.

Esta fue la parte más dura. Si os fijáis en las fotos que tengo de entonces, parece que tenga cara de estar congelada todo el rato. O al menos esa es la impresión que me da a mí.

Quizá lo que más recuerdo de ese viaje son las risas, no parábamos de reírnos todo el tiempo. Hubo mucha conexión con todo el equipo y eso ayudó mucho al buen rollo y a pasarlo bien. Me llegué a reír tanto un día que no podía aguantarme de pie y terminé revolcándome por el suelo hecha una rosquilla. Ahora mismo, solo de recordarlo me vuelve a entrar la risa.

El plan de estos viajes de promoción para las marcas acostumbra a funcionar más o menos igual. Viajamos con un fotógrafo, elegimos sitios que sean chulos o típicos de las ciudades que visitamos y hacemos allí mismo las fotografías que luego se cuelgan en los perfiles de las marcas y en los nuestros.

Lo mejor es que nos cuidan un montón y consiguen que se cree muy buena armonía entre nosotros. Esto es superimportante para que el trabajo en equipo salga tan bien.

ME LO PASÉ GENIAL ♡

FEBRERO

En febrero me libero de los brackets, el libro cruza el charco y me enamoro por primera vez.

Never give up. Secretos de una muser *¡se publica en Argentina! Sabía que tenía muchos fans en Latinoamérica y me pareció genial que llegara el libro también allí.*

Tener el libro en otro país y tan lejos de casa fue brutal. No sé ni cómo describir lo que sentí cuando me dieron la noticia. Me hizo mucha ilusión, porque significaba dar el salto mucho más allá de las fronteras españolas.

Supuse que también cabía la posibilidad de ir a Argentina a hacer alguna firma, y ya sabéis que me encanta viajar.

También salió a la venta otro proyecto en el que estuve trabajando: las fundas de móvil de Lucía Bellido. Es un trabajo que me gustó hacer porque fue muy creativo. Tuve que escoger los colores, los materiales, el diseño del logo que iba a aparecer impreso..., todo. Puedo decir que no me costó llevarlo a cabo, porque soy muy creativa. Tenía muchas ganas de hacerlo, y tenía muchas ideas y muy claras al respecto.

Me hace mucha ilusión ver a alguien que lleva una de mis carcasas, o cuando venís a las firmas y las lleváis también.

Recuerdo la primera vez que las vi en la tienda de forma física. Fue una sensación extraña, entre mucha ilusión y muy chocante a la vez. Choca, choca mucho cuando estás de paseo o vas de compras a un centro comercial y ves cosas que has hecho tú. Al final te acostumbras, pero la primera vez que lo ves siempre es alucinante.

Cuando más adelante salieron el estuche y la agenda, me pasó exactamente lo mismo. Me da un poco de vergüenza porque no estoy acostumbrada, pero debo admitir que me hace muchísima ilusión. ¡No es para menos!

Febrero fue un mes importante de cambios personales.

Primero, ¡fuera brackets! Los había llevado durante casi once meses. Al principio, cuando me los pusieron, me veía los dientes superfeos, pero con el tiempo eso me dejó de importar.

Y el día que me los quitaron tuve de nuevo una sensación superextraña: me veía los dientes supergrandes y, en cierto modo, me veía a mí misma muy distinta.

Me acostumbré tanto a llevarlos y a convivir con ellos que la sensación fue muy rara. Pero ahora estoy encantada con el resultado.

MARZO

Si tuviera que destacar alguna cosa del mes de marzo diría que para mí fue el mes de la amistad. Aquellos días nació en mí una auténtica amistad, con Ángela y sobre todo con Aida.

Estoy contenta porque he encontrado en ella una amistad de las de verdad.

Con los viajes de promoción estoy descubriendo Europa. La verdad es que antes de todo esto casi no había viajado, y ahora estoy descubriendo que es una experiencia maravillosa y que me encanta.

En marzo fui a Praga por primera vez. Estuvimos allí unos tres o cuatro días, no muchos, y tampoco nos dio tiempo de ver demasiado la ciudad, porque trabajamos intensamente. Nos hacíamos fotos en algunos exteriores, sobre todo en el centro histórico, y lo poco que pude ver de Praga me encantó. Coincidió que fuimos durante la época de Carnaval, y hacía mucho frío.

Este viaje lo compartí con Ángela Mármol y Aida Martorell. Yo no conocía a Aida antes de ese viaje. La primera impresión que me dio fue pensar: «Esta chica está loca». Enseguida conectamos superbien. Nos alojamos en una habitación las tres juntas, y no paramos de hablar y de reír. Se nos pasaban las horas volando. Tenemos hasta vídeos llorando de la risa, las tres. Encajamos un montón. Las tres somos superdiferentes, pero nos llevamos genial. En Aida he encontrado una amiga de aquellas que mola tener.

MOOD

En este mundo, y debido al tipo de vida que ahora mismo llevo, me cuesta bastante confiar en la gente. En general, es difícil fiarse de cualquier persona, porque te puedes llevar palos muy grandes. Reconozco que a mí me cuesta mucho confiar, muchísimo. Pero ellas dos, Ángela y Aida, están metidas también en el mundo de las influencers*, y tenemos muchas cosas en común. Desde el primer momento, vi que a la vez son personas muy humildes. Enseguida confié en ellas, y me encanta haberlas conocido. En la actualidad, son personas con las que hablo prácticamente a diario y confío plenamente en ellas. Haría lo que fuera por ellas, y lo saben.*

Para mí la amistad es confianza, amor, respeto, risas y mucho cariño.

El mundo de los influencers *es todo un mundo aparte. Yo, como* influencer, *me muestro a través de la pantalla de una determinada manera. La gente lo único que ve es la imagen que yo quiero proyectar. Si quiero que vean que estoy bien, van a ver que estoy bien. Y si yo quiero que vean que estoy mal, van a ver que estoy mal. Pero realmente están viendo una pantalla, están viendo a una persona que no conocen.*

No saben lo que estoy sintiendo en realidad, ven a la persona física, pero no tienen ni idea de las emociones. No saben cómo soy, no saben cómo es mi día a día. No saben nada de mí, solo que me hago fotos, que hago vídeos, que viajo, que hago directos y que hago lo que la mayoría de adolescentes están haciendo hoy en día, pero en realidad no me conocen.

Yo entiendo que no le puedo gustar a todo el mundo, yo no obligo a nadie a caerle bien. Si alguien me critica, pues muy bien, es una opinión, y no tiene por qué afectarme. De primeras, todo el mundo se queda siempre con lo que quiere. Todo el mundo debería entender que detrás de una imagen hay muchas más cosas.

Y de la montaña al mar. En marzo me acerqué a la playa por primera vez este año.

Todavía no era época de bañarse, porque el agua está muy fría, pero me acerqué para ver las olas y tocar la arena. Me encanta ir a la playa, aunque sea invierno. Tengo la suerte de vivir bastante cerca de la playa y en invierno es buen sitio para pasear, pensar y pasar el rato sin el agobio de la gente que hay en verano.

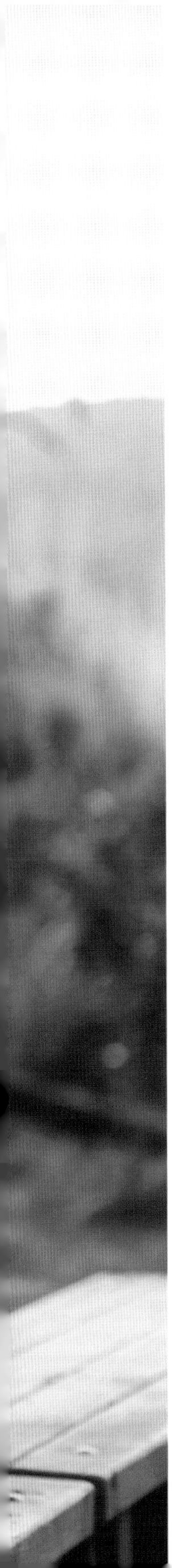

ABRIL

Con la primavera ya empezada me fui de nuevo a California. Un viaje que representa, sin duda, la experiencia más importante del mes (en todos los sentidos).

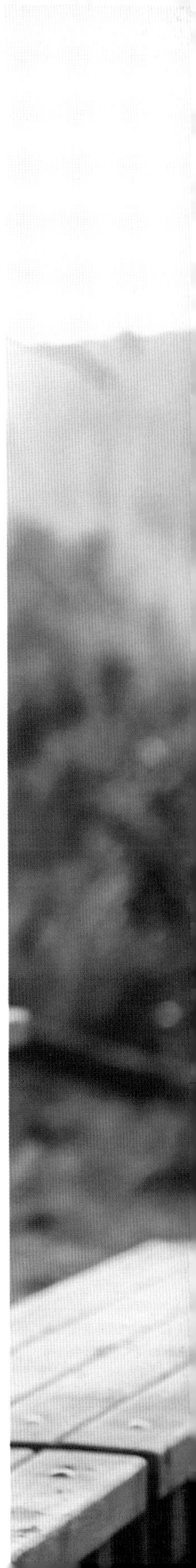

Viajar dos veces en menos de cinco meses a Estados Unidos puede parecer mucho, pero yo estaba muy ilusionada. Me había gustado tanto la primera vez que tenía muchas ganas de repetir.

Y esta vez lo viviría a lo grande. Nos alojamos en Indio con otras influencers... *¡Íbamos a ir a Coachella, uno de los mejores festivales de música del mundo!*

Coachella no es solo un festival de música, es un lugar al que asisten un montón de influencers *y estrellas de cine. Un festival que marca tendencias y donde se pueden ver los mejores* looks.

De todas maneras, yo me esperaba que fuera algo mucho más potente, porque, además, al ser en Estados Unidos, piensas que la gente es más extravagante, pero como mucho vi a dos o tres personas que realmente me llamaron la atención. Pensaba que vería muchas cosas nuevas, tendencias que me sorprenderían. Pero la gente, en realidad, vestía muy normal; vestíamos nosotros más estrambóticos que nadie.

Por otro lado, vi a muchos famosos, mucha gente que conocía del mundo de Tik Tok y del cine. Había caras conocidas por todos lados, y me volví loca detrás de ellos corriendo.

Pero Coachella es realmente el festival de los festivales. Cuando se hizo de noche, empezó a llegar muchísima gente, también porque vino Billie Eilish y aquello se volvió una locura total. De repente, se llenó. Yo solo conocía cuatro canciones contadas de ella, y Aida me dijo: «Lucía, hazme caso, ven conmigo a escuchar a esta chica». Y nos fuimos las dos a su concierto. Bailamos, lloramos, saltamos... Le estuve traduciendo todo lo que Billie Eilish decía en inglés. Me lo pasé superbién, las dos gritando y bailando. ¡Fue una pasada! A partir de ese día me hice fan total suya.

Coachella es un terreno enorme al aire libre, un descampado en medio del desierto. Recuerdo que hacía mucho calor, aunque después, por la noche, hacía frío. Llegó un momento en que hasta tuvimos que buscar un taxi para irnos porque no estábamos preparadas para tanto frío.

Por la noche, en Coachella puede llegar a haber siete escenarios con siete conciertos a la vez. Pueden estar tocando Snoop Dogg, Ariana Grande o Billie Eilish al mismo tiempo, y no sabes adónde ir. ¡Es una locura! Está muy bien montado, con un montón de puestecitos y food tracks *donde venden comida y bebida. Allí va gente de todo el mundo, de todas las edades, todos mayores que yo, claro, porque siempre soy la pequeña allá donde voy. La gente vive el festival de una forma muy intensa.*

Lo que no resultó tan divertido fue la llegada a Estados Unidos... Al llegar, la policía nos tuvo a todos retenidos durante muchísimas horas en un cuartucho del aeropuerto. En un primer momento, pensamos que sería solo un formalismo y que saldríamos al cabo de nada.

Cualquier persona que quiera entrar en Estados Unidos para trabajar debe tener una autorización especial. Se necesita rellenar unos papeles, donde tienes que informar dónde te vas a alojar y datos por el estilo. Nosotros éramos un montón de gente que nos alojábamos en el mismo sitio. Creo que fue eso lo que les hizo sospechar, y por ello nos pararon y registraron.

Un policía me pidió el móvil y la contraseña para desbloquearlo. Yo no quería dárselo, así que me puse bastante a la defensiva y le reclamé que si no veía una autorización conforme podía revisarme el móvil no se lo iba a dar. Al final, me la enseñaron y tuve que acceder... Menos mal que no tenía nada muy comprometido, si no ¡qué vergüenza!

Después de dos horas, nos dejaron salir a mí y a mi padre, pero entonces nos habían perdido la maleta, y encima me estaba quedando sin batería en el móvil. Adivinad dónde estaba el cargador... ¡Exacto, dentro de la maleta! Fatal.

Suerte que justo antes de que se me apagara el móvil tuve tiempo de llamar al chico de la marca para la que íbamos a hacer la promoción. Le pude explicar que nos habían tenido retenidos durante horas y que mi padre y yo éramos los únicos a los que habían dejado salir, el resto todavía estaban encerrados. Vino a buscarnos y consiguió (no sé cómo) sacar al resto, menos al otro promotor de la marca que viajaba con nosotros. A él lo devolvieron a España después de haber estado retenido en aquella habitación durante doce horas.

¡Qué cansados estábamos todos! Pensad que no solo fueron las horas que estuvimos en el aeropuerto —sin agua, sin que nos dejaran ir al baño, nada— sino que ya llevábamos todas las horas del viaje en avión, unas doce, y las cuatro que todavía nos quedaban en coche para llegar allí donde íbamos a vivir esos días.

Cuando llegué a la casa, una mansión alucinante, me puse a dormir de un tirón y no me desperté hasta el día siguiente para empezar con la sesión de fotos.

Con toda esta experiencia vivida me sentí muy perdida. En el aeropuerto nos trataron como si fuéramos lo peor, solo por ser extranjeros, haciéndonos preguntas superincómodas y fuera de tono, incluso machistas.

Menos mal que iba con mi padre..., con quien siempre viajo porque soy menor de edad. Hubo un momento en el que incluso pensé que me harían volver a España.

Al día siguiente, recuperé mi maleta y todo empezó a ir rodado. Fotos, trabajo, risas... y placer en el festival. ¡Madre mía, qué viaje! ¡Lo recordaré toda mi vida!

MAYO

Un mes marcado por un viaje distinto, el viaje de fin de curso que hice con mis amigos del instituto. No tuvo nada que ver con los viajes que suelo hacer por trabajo.

Casi sin pensarlo, estaban a punto de acabar las clases. Este año tocaba hacer viaje de fin de curso, y nos fuimos a Italia. Visitamos Venecia, Florencia, Pisa... y un montón de lugares más.

Al contrario de cuando viajo por España, o incluso como me ha pasado alguna vez de viaje en el extranjero, en Italia no encontré grupos ni colegios donde los niños y las niñas me pidieran fotos y autógrafos; allí nadie me reconoció. En ese sentido, fue un viaje mucho más tranquilo.

Ese viaje fue muy distinto de los viajes que hago de promoción por trabajo. Cuando viajas con los amigos del instituto estás solo para pasártelo bien, sin ninguna obligación. No tienes que estar una hora en tal sitio para hacerte fotos, ni dedicarte a maquillarte, vestirte y estar superbien para las fotos. Con los amigos puedes descansar, relajarte y hacer lo que hacen todos, sin compromisos.

En cada ciudad que visitábamos los profesores nos dejaban ir a nuestro aire, a descubrir rincones y monumentos, lo que nos permitía tener una experiencia mucho más divertida del viaje. Pero, a pesar de esta libertad, hay gente que se lo pasa mejor fastidiando a los compañeros y estropeando el viaje. Ese fue nuestro caso. Llovió, hizo frío y cogí el resfriado de mi vida, si a eso le sumamos un robo, tenemos la combinación perfecta para que el viaje resultara un fiasco.

Cada uno de nosotros llevaba su propio dinero para gastos personales. Yo llevaba el dinero en el forro de la maleta para que no se me perdiera. Pero una noche descubrí que alguien me había robado parte de mi dinero. ¡Qué rabia e impotencia! No tengo ni idea de quién fue, pero consiguió arruinarme el viaje.

Fue muy frustrante, y pasar un viaje de fin de curso con tus amigos de clase con ese mal rollo nos fastidió un poco los ánimos. Sin dinero no podíamos hacer casi nada. Yo, por ejemplo, quise subirme a una góndola en Venecia y no pude.

A pesar de todo, Italia me gustó mucho, no quiero que os llevéis una impresión equivocada.

Aquellos días tuve la oportunidad de vivir muy buenos ratos con amigos y amigas con los que, este último curso, por cuestiones de trabajo, no he podido compartir todo el tiempo que me hubiera gustado. Con mis amigos me siento a gusto porque es cuando soy yo misma, y eso para mí es importante. Ser quien eres cuando quieres serlo, sin tener que proyectar una imagen para los demás. Mis amigos me conocen de hace muchos años y con ellos estoy a gusto siendo yo.

En mayo también hubo cambios en casa, concretamente, en mi habitación, mi espacio, mi santuario.

Con mi madre, decidimos que quizá ya era hora de cambiar la habitación de niña que tenía por una más de adulta. Quería una habitación más acorde a como soy ahora y a todo lo que estoy haciendo últimamente.

Al fin y al cabo, paso muchas horas allí y es donde grabo la mayoría de mis vídeos, donde estudio mis looks *y hago mis maquillajes. Un cambio en ese sentido era más que necesario.*

Le dije a mi madre que quería una cama de matrimonio gigante, preciosa, y un tocador, los muebles blancos y la pared azul turquesa... Pero si quería la cama tenía que sacar el armario, así que mi madre me montó un vestidor en una habitación más chiquitina que hay en la casa.

Tengo muchísima ropa y zapatos, porque como no tengo un estilo muy definido, pues tengo de todo. Me encanta la moda e ir de compras me apasiona.

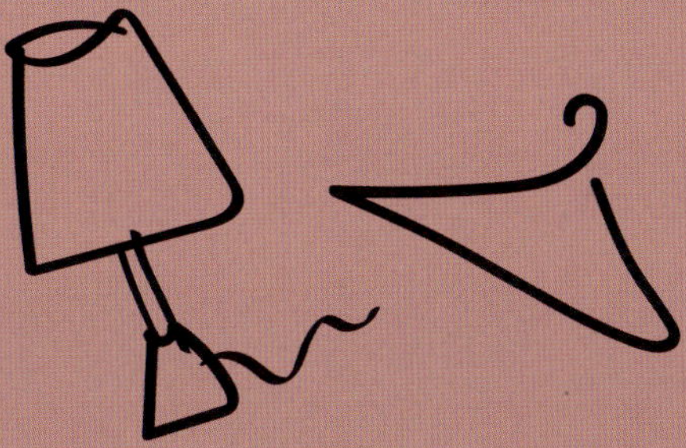

NEW

Me muevo mucho por impulso y un día puedo ir de un palo y al siguiente de otro porque lo de antes no me combina con las uñas que llevo en ese momento. Y así voy comprando y probando.

Me cambio las uñas cada mes. Las tengo muy blandas, me crecen mucho, pero como no endurecen se me rompen con mucha facilidad. De esta manera, las mantengo más bonitas y protegidas. Además, me encanta porque puedo jugar a crear las combinaciones que quiera.

Recuerdo que cuando era pequeña ya me gustaba llevarlas largas; con rotuladores me dibujaba florecillas y otras decoraciones, muy presumida yo. Al crecer me puse uñas postizas. Empecé llevándolas más bien cortitas y de un solo color, ahora ya me hago de todo. No tengo límites.

Mucha gente me imita con las uñas. Las mías me las hace una chica de mi pueblo, Mollet. Con ella he compartido muchas horas y nos hemos hecho inseparables, y como le hago promoción a través de las redes, se ha encontrado con que gente de toda España viene para pedirle «las uñas de la Bellido». ¡Alucinante!

JUNIO

Justo antes del verano me fui a Madrid, a Mallorca y a Murcia. Un mes lleno de salidas y todas ellas fueron geniales.

Empezaba el calor, el curso había terminado y me citaron para ir a la Feria del Libro de Madrid, una de las más importantes de España.

¡Qué impresión! Nunca había estado rodeada de tantos escritores. La feria es muy chula y animada. Ya era la segunda vez ese año que iba a la capital para firmar, pero esta vez el escenario era un poco diferente. Estaba rodeada de profesionales y se notaba.

En Madrid se hizo una cola larguísima delante de la caseta que montaron en el Parque del Retiro. Fue un no parar de firmar y hacerme fotos.

A pesar del calor, hubo momentos muy divertidos y de muy buen rollo. Me encanta encontrarme con todos vosotros y que me contéis qué os parece el libro y los posts *que voy colgando. Sin vosotros, realmente nada de esto tendría demasiado sentido.*

NEVER GIVE
Lucía Bellido
NEVER GIVE UP

Me considero una chica con suerte, porque con la promoción del libro este año he tenido la oportunidad de vivir un montón de experiencias, todas ellas muy diferentes, y cada una con su historia. Todo lo que he vivido me ha ayudado a desarrollarme en diferentes entornos y a conocer en cada lugar gente muy interesante. Conocer gente es genial, porque siempre se puede aprender algo de todo el mundo.

En junio también me fui al Mallorca Island Festival (MIF). Un desfase. El MIF es el festival de final de bachillerato más grande de Europa. A él asisten muchísimos DJ e influencers, *y se organizan un montón de actividades. Es un no parar. En ese festival pasan cosas continuamente.*

La idea era ir al MIF solo unos días, y el fin de semana tenía que volver a casa, pero me lo estaba pasando tan bien que quería quedarme un poquito más, así que llamé a mi madre para avisarla de que iba a estar en la isla unos días más y que íbamos a estar en casa de un amigo.

Me habían dicho que había una puerta de cristal que estaba un poco floja y que fuera con cuidado. Cuando me levanté en plena noche, todo estaba oscuro, y sin querer le di un golpe con el hombro. ¡Todo el cristal de la puerta se me cayó encima de la pierna! ¡Qué susto!

MIF

Cuando me di cuenta, vi que me sangraban las piernas y que salía la sangre a chorros. Llamé a una amiga que también estaba en la casa y al moverme me clavé un cristal en el pie. ¡Qué gafe! Entonces decidí quedarme en el suelo, inmóvil.

El resto de amigos que estaban en la casa se despertaron con todo el jaleo que hicimos y vinieron a ver qué pasaba. Y yo en el suelo, con el mareo, los cortes en las piernas y todo lleno de sangre a lo Carrie... *Empezó a entrarme la risa nerviosa, y no podía parar de reír. Mis amigos flipando.*

Llamaron a una ambulancia, pero la zona estaba tan concurrida que apenas llegaban; lo mismo pasó con los taxis. Finalmente, encontramos uno que nos llevó al hospital más cercano.

Me pusieron tres puntos y me ha quedado una cicatriz como recuerdo. Estaba muy nerviosa, lloraba, y como no dejaban pasar a nadie me sentía muy sola. Fue la primera vez que me pusieron puntos y, sinceramente, no me quedaron ganas de repetirlo.

Be brave

En junio me hice dos tatuajes más, el del corazón en la muñeca y el de las costillas, un número 3. El del corazón lo hice con mi madre, es un tatuaje muy especial para mí, porque significa la unión que hay entre las dos.

El que me hice en las costillas me dolió especialmente. No sabía que esa zona era tan sensible. ¡Qué mal lo pasé! Pero el resultado mereció la pena, me gusta mucho cómo quedó.

Todos mis tatuajes tienen un significado especial para mí. Soy muy consciente de que un tatuaje es algo que está contigo de por vida. Así que cuando me hago uno tengo muy claro que lo quiero.

JULIO

Llega el verano. Sin clases, sin cole..., el tiempo pasa de una forma diferente, una forma más relajada.

En julio me quedé por mi ciudad. Arriba y abajo todo el día, y haciendo un poco de vida en familia y con los amigos de siempre. Mollet es grande, pero no una macrociudad. Quizá tampoco hay muchas cosas que hacer en verano, pero estar unos días tranquila también está bien.

El curso había sido muy intenso y, desde que salió el libro, mi vida había dado un vuelco de 180 grados. Las firmas y presentaciones del libro, pero también los viajes de promoción para distintas marcas, habían llenado mi agenda todo este año. En la vida imaginé que mi rutina llegara a ser esa, y me siento muy cómoda en ella. Nunca sabes lo que el destino y tu esfuerzo pueden llegar a conseguir.

THRASHER

THRASHER
MAGAZINE

Pero julio también era el mes en el que Aleix y yo cumplíamos cinco meses. Nos hacía mucha ilusión poder irnos los dos solos a alguna parte, y yo ese mes tenía que ir unos días a Murcia para hacer una promo, así que decidimos volver los dos juntos. Esta vez estuvimos en casa de un amigo que vive allí, nos pudimos quedar con él todos los días.

Fue en su casa donde conocimos a Pascual, su camaleón. ¡Qué bicho más exótico! Justamente uno de los días tuvimos que llevarlo al veterinario porque se puso malito. Es un animal muy curioso, nunca había tenido uno en la mano.

Los animales siempre me han gustado y los reptiles nunca me han provocado ni asco ni miedo. De hecho, en casa tengo una foto donde salgo yo de pequeña con una serpiente muy grande sobre mis hombros.

Lo único que me asusta son las abejas, supongo que por el miedo a que me piquen y que me duela.

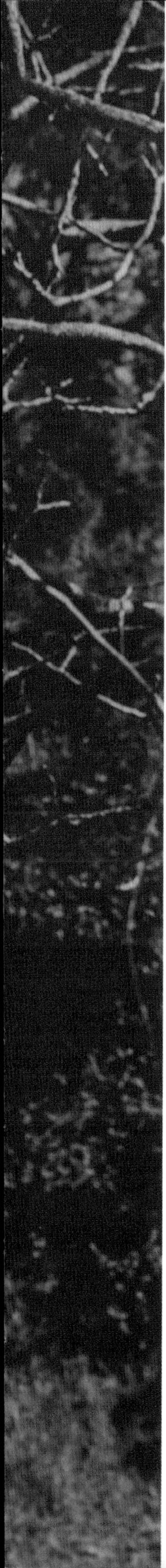

AGOSTO

Quizá este ha sido el mes
más difícil del año, aunque
es el que me ha enseñado
más cosas. Cosas que he
vivido muy intensamente y
que me han hecho madurar
como persona.

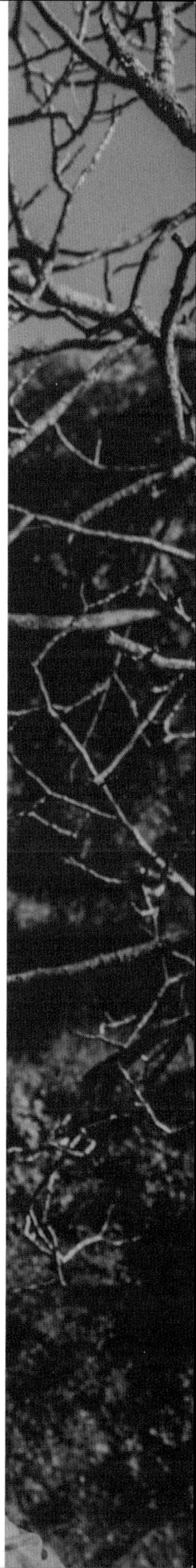

Podría decir que me pasé el verano entero en el sur de la península. En agosto nos fuimos la familia al completo a Osuna, Sevilla, el pueblo natal de mis abuelos paternos, para celebrar sus bodas de oro. 50 años de casados son muchos años.

Tengo muy buena relación con mis abuelos porque, aunque son de Osuna, hace muchos años que viven en Mollet, muy cerca de mi casa.

Me parece que es superbonito poder llegar a vivir tantos años junto a tu pareja. Si el amor es sano, tiene que ser precioso.

La ceremonia fue muy emotiva. La hicimos al aire libre, rodeados de naturaleza, y el atardecer nos brindó una luz preciosa. Mis abuelos estaban guapísimos, y muy felices de tenernos a todos allí. No cambiaría esos momentos por nada del mundo. Momentos así hacen que te des cuenta de lo afortunada que eres y de lo importante que es dar amor a todos aquellos que se preocupan por ti día a día.

Luego estuvimos toda la familia unos días en el pueblo, en Portugal. Allí no hay casi coches ni contaminación, así que el cielo es muy claro y el aire muy limpio. Solo hay paz, y de noche se puede contemplar un firmamento totalmente estrellado.

Me encanta el verano. Puedes hacer lo que quieras, tienes libertad total, y eso da mucha tranquilidad. Desconectar de vez en cuando es importante para mí y si puede ser en esa época del año, mejor: más horas de luz, mejor clima, poder ir a la playa, empaparte de sol...

Seguramente este ha sido uno de los veranos más importantes de mi vida. Lo he pasado casi al cien por cien con Aleix y eso me ha marcado mucho. A pesar de que ya no estamos juntos, este año él ha representado mi día a día. He aprendido muchísimas cosas de él y de la relación en general, cosas que marcarán mi carácter y que están ayudando a que empiece a escucharme a mí misma, a quererme y a valorarme tal como soy, sin manías ni prejuicios.

He aprendido que hay que cambiar ciertos comportamientos. No está bien ser dependiente de tu pareja. Lo importante de estar en pareja es poder vivir la relación con libertad y armonía. Tu pareja no puede controlar todos tus movimientos. Cuando quieras salir con tus amigas, debes poder salir sin que haga falta decírselo a nadie.

Es muy importante valorarte a ti misma y ser valiente para poder decir las cosas tal como las sientes porque, si no lo haces, luego ya es demasiado tarde. Puedes llegar a arrepentirte de no haber actuado a tiempo.

A lo largo de este año que he vivido con Aleix, yo no he estado nunca sola. Estar sola es bueno. En definitiva, tú misma es con quien pasarás el resto de tu vida. Yo, si me muero, me muero sola, no con mi novio. Las personas que te rodean te pueden complementar, pero no tienes que depender de ellas. No debes darlo todo, y menos de golpe.

Me aferro mucho a la gente y soy muy cariñosa, pero si alguien me decepciona me vuelvo fría. Lo doy todo, pero no voy a darlo todo por alguien que no me da nada a cambio.

Reflexiones como estas me han hecho madurar muchísimo este año.

Yo tengo suerte de tener a mi madre, a mi hermano, a mis amigas... Ellos me han ayudado mucho a superar mi ruptura con Aleix.

SEPTIEMBRE

Han pasado tantas cosas en un año que, sin darme cuenta, ya estábamos en septiembre y vuelvo a cruzar el charco, esta vez rumbo a Argentina.

El pasado mes de febrero salió mi libro en Argentina y, como se pronosticaba, cabía la posibilidad de hacer un viaje para promocionarlo. Finalmente, pude hacer el viaje en septiembre.

¡Y qué promoción! ¡No cambio a la gente de Argentina por nada! ¡Fueron tan amables! Estuvieron por mí todo el tiempo que pasé allí. Son muy hospitalarios y tienen esa manera de hablar tan agradable... Quizá, en ese aspecto, en España somos más fríos. En Argentina me comentaban que mi manera de hablar era muy dura, pero no puedo hacer más, este es mi acento natal.

La promoción del libro no pudo ir mejor. Tenía muchos actos programados y eso me permitió poder conocer a un montón de gente y también estrenarme en medios en los que no había trabajado antes: me hicieron una entrevista en la televisión argentina, en uno de los programas de mayor audiencia. Y la verdad es que me sentí muy cómoda delante de las cámaras. Fui capaz de hablar y moverme como soy yo misma en realidad. Estoy muy contenta.

Mi relación con las cámaras viene de lejos. Desde muy pequeñita me han estado grabando y más adelante he seguido grabándome yo misma con los Musica.ly y los Tik Tok. Ya sé que no es lo mismo estar en tu propia habitación que estar en un plató de televisión, pero gracias a la naturalidad con la que conseguí actuar creo que salió bastante bien.

REQUIESCANT IN PACE

Hay una cosa que me llamó mucho la atención: ¡las distancias allí son larguísimas! Como quien dice, tienes que coger un avión para casi todo y, si no, debes armarte de paciencia para hacer largas horas en coche. Me encantó visitar el Jardín Botánico y conocer la cantidad de historia que hay en todas sus calles.

Viajé con mis padres, y aprovechamos para hacer un poco de turismo e ir de compras... La verdad es que no pronostiqué bien el tiempo que podía hacer y llegué demasiado ligera de ropa. Sabía que era invierno allí, pero no preparé bien mi maleta. ¡Menudo frío pasé! Así que fuimos recorriendo las tiendas para comprar sudaderas, gorros y hasta un abrigo. Fue entonces cuando me di cuenta de que la ropa es mucho más extrema que en España, y que la gente lleva looks *mucho más extremos por la calle que aquí. Son más atrevidos que nosotros. O al menos es la sensación que me dio a mí. Eso me gustó mucho.*

Como ya he comentado, lo más destacable del viaje fue la buena acogida que me brindó la gente. Hice muy buenos amigos. Aquellos días conocimos a los ganadores de un meet&greet, *un concurso en el que los premiados pueden pasar una tarde con el famoso al que elijan.*

Un chico y una chica de poco más de 20 años ganaron pasar una tarde conmigo. Con ellos conectamos muchísimo; tanto, que el resto de los días que estuve allí los pasé con ellos, paseando, yendo de fiesta... Nos hicimos tan amigos que todavía seguimos en contacto.

En Buenos Aires también vi un montón de pañuelos verdes, pidiendo la legalización del aborto seguro, un tema que en Argentina todavía está sobre la mesa. Es importante apoyar estos temas, solo así conseguiremos una sociedad más justa e igualitaria entre sexos.

De este modo, con Argentina en el corazón y con ganas de seguir avanzando y mejorar, vuelvo a Mollet. Preparada para empezar un nuevo curso lleno de nuevos proyectos.

FUTURO

Cuesta hablar del futuro. Cuesta imaginarme dentro de unos años. Pienso poco en lo que va a pasar. En la vida todo son etapas, las hay buenas y malas. Vivo bastante el presente, y lo que tenga que pasar ya vendrá. Tengo que estar preparada para todo lo que pase.

Lo primero que quiero hacer es sacarme la ESO. Cuando termine seré libre. Me encantaría viajar. No quiero encerrarme aquí, quiero salir y conocer mundo. Tomarme un año sabático, para conocer mundo y conocerme también a mí misma.

Soy una persona a quien no le gusta nada estar encerrada en casa. Me gusta explorar sitios nuevos, conocer gente nueva, moverme mucho. Me encantaría vivir en el extranjero una temporada, pero sola no, no me gusta estar sola. Sé que si viviera en otro país me pondría a prueba a mí misma, aprendería a saber cómo soy yo en otros sitios, cómo soy capaz de desenvolverme.

Mi experiencia en Argentina este año me ha marcado mucho en el sentido de que valoro más lo que tenemos aquí. No se vive igual en todos los países, no hay el mismo nivel económico en todos los lugares. Me encantaría conocer algún país africano, y aprender de ellos, cómo viven. Ir como cooperante a alguna zona donde yo pudiera trabajar y hacer algo por ellos me llenaría muchísimo, lo vería todo de otra manera. El hecho de compartir las dificultades de los demás cambiaría la percepción que tengo sobre mis propios problemas.

Algún día se acabará lo de dedicarme a las redes sociales, y lo que más me ronda por la cabeza es formarme y trabajar en temas de estética. Estos últimos años he aprendido muchas cosas, pero el mundo de la estética es un mundo lleno de posibilidades. Hay un montón de profesiones interesantes y un montón de cosas que creo que puedo aprender, y como me gusta, estoy segura de que se me dará bien.

También tengo el sueño de abrirme camino en otros sectores, como el de la interpretación: me gustaría ser actriz. Todavía no he hecho nada, ni un casting, *y me encantaría tener la oportunidad de hacerlo. Además, dicen que lo hago bien, soy muy expresiva, y creo que se me podría dar bien. ¡Hay tantas cosas para hacer!*

REFLEXIÓN FINAL

Este año vivido ha sido una locura en todos los sentidos y me gustaría que el próximo sea igual de bueno.

El año que ha cambiado mi vida ha significado mi despegue a nivel profesional, pero tengo muy claro que tengo la edad que tengo y que, por encima de todo, me lo debo pasar bien.

No puedo tomarme todo lo que me ha ocurrido simplemente como un trabajo, porque si así lo viviera dejaría de gustarme. Tengo la suerte de tener la familia que tengo, que me acompaña a todas partes, sobre todo mi madre, que además de hacer el papel de supermadre las veinticuatro horas del día, también es mi mánager, mi agenda y mi confidente.

Todos ellos me guían en esta aventura y me apoyan, pero también me ponen las cosas claras. Este año debo terminar los estudios, porque sin educación no hay futuro.

Los 15 años también me han traído el amor y la decepción. Ambas cogidas de la mano. Aunque ha sido doloroso, me ha ayudado a conocerme a mí misma en medio de todo este torbellino de nuevas experiencias en el que me he visto envuelta. He aprendido a respetarme y a tener una mejor relación conmigo misma. Hay que aprender de los golpes porque, de lo contrario, ¿qué vas a hacer?, ¿hundirte y no salir?, ¿estar llorando todo el día? No. Hay que salir y disfrutar, y creer en aquello que realmente te gusta para salir adelante. Recordad en todo lo que hagáis:

Never give up. *Y, sobre todo,* Be Brave.

AIDITIX

Pequeña, preciosa, risueña, soñadora y hermana mayor. Este año has marcado mi vida, me has dado lecciones únicas, sinceras y de corazón. Eres una de las pocas personas a las que estoy agradecida de tener hoy en día a mi lado.
Me complementas tanto... Realmente eres de las únicas personas que sé que las tengo ahí sanamente y con nada de interés, porque sin yo pedírtelo, me ayudas, me aconsejas, y me haces ver el lado bueno de tantas cosas, Aida, que ni lo imaginas.
Me paro a pensar todo lo que he vivido contigo y me sale una jodida sonrisa de oreja a oreja. Me has hecho feliz, me has hecho no pensar en nada, me has hecho enfadar, pero sobretodo, me has hecho aprender, y no me refiero con una de nuestras charlas que duran 9 horas, no. Me refiero a que me has hecho aprender siendo tú. Viendo tu manera de vivir la vida, siempre con esa sonrisa que tanto te caracteriza.

TE ADMIRO, AIDITIX, GRACIAS POR QUEDARTE,
TE QUIERO.

MIGUELITO

Sé perfectamente que no te esperabas esto, jajaja. Pero ¿sabes qué sé también? QUE TE QUIERO CON LOCURA.

Te voy a estar ETERNAMENTE agradecida por haberme ayudado tanto, haberme enseñado y aguantado lo inaguantable. Eres maravilloso, cariñoso, alegre, sensible y auténtico. Que nadie jamás te haga dudar de lo que vales, porque tú eres de lo mejor, por no decir lo mejor que tengo, y si tengo que recordarte todos los días lo mucho que vales, LO HARÉ. ♡

Solo puedo decirte que GRACIAS, GRACIAS, GRACIAS POR SER ASÍ y estar siempre.

-TE AMO-

ANGELITIX

¿Qué te digo yo a ti que ya no te haya dicho ya mil veces? Mira, eres mi puto polo opuesto, totalmente, por eso mismo me complementas tanto. Aida, tú y yo sabemos la jodida connexión que tenemos, pero, tú, Angela, me das tanta paz y tranquilidad...
Me has enseñado mil y una cosas, sobre todo a que las apariencias engañan. De ti este año me llevo AMOR, RESPETO, APRENDIZAJE, VIVENCIAS INCREÍBLES... pero, sobre todo, te llevo a ti.

Te quiero, y puedo decirlo con la mano en el corazón, y también te puedo decir que jamás voy ni a fallarte ni a dejar que te hagan daño. Te tienes a ti y me tienes a mí, eres fuerte, créelo.

♥ -SONRÍE- ♥

LUCÍA EN LAS REDES

@its.bellido (Tik Tok)

@labelliido (Instagram)

Lucía Bellido canal (YouTube)

Con la colaboración del maquillador Aitor Cuní

Realización editorial:

somnins®

Diseño de cubierta: Planeta Arte & Diseño

Primera edición: marzo de 2020

Av. Diagonal, 662-664, 08034 Barcelona (España)

Libros Cúpula es marca registrada por Editorial Planeta, S. A. www.planetadelibros.com

ISBN: 978-84-480-2709-4

D.L.: B. 246-2020

Impresión: Macrolibros

Impreso en España – Printed in Spain

El papel utilizado para la impresión de este libro está calificado como papel ecológico y procede de bosques gestionados de manera sostenible.